# A BAS LA FAMILLE

OU

## LES BANQUETS

A-PROPOS MONTAGNARD EN UN ACTE,

**DE MM. LABICHE ET LEFRANC,**

Représenté pour la première fois, à Paris, sur le théâtre du GYMNASE, le 16 Décembre 1848.

| PERSONNAGES. | ACTEURS. |
|---|---|
| LE PÈRE GODARD, cordier (80 ans)...................... | MM. FERVILLE. |
| MOUCHERON, colleur d'affiches, petit-fils de Godard.......... | GEOFFROY. |
| BAR-DU-BEC, instigateur des banquets.................... | NUMA. |
| BRANCHU, restaurateur, petit-neveu de Godard............. | SYLVESTRE. |
| ANTONIN, ébéniste, son cousin, petit-neveu de Godard........ | PRISTON. |
| MADAME MOUCHERON, femme de Moucheron............... | M<sup>lles</sup> ANNA CHÉRI. |
| BRIGITTE, petite-fille de Godard......................... | VOLNAYS. |

*La scène se passe à une des barrières de Paris.*

S'adresser, pour la musique, à M. JUBIN, bibliothécaire et copiste au Théâtre.

Le théâtre représente un jardin. — Au fond, corps de bâtiment avec fenêtres et porte au rez-de-chaussée formant l'atelier de corderie du père Godard. A droite, la maison qu'il habite. A gauche, un marronnier, et des massifs de verdure.

### SCENE PREMIERE.

LE PÈRE GODARD, *rentrant par le fond à gauche, avec un paquet d'affiches sous le bras.*

Ces mâtins-là sont incorrigibles, ils ont encore collé des affiches tout le long de mon mur... je passe une heure tous les jours à déchirer ces maudites pancartes... c'est monstrueux... on n'a plus le moindre respect pour les propriétés. (*Sur le devant du théâtre.*) Nous disons donc que c'est aujourd'hui dimanche, un grand jour ! ma fête... la fête du grand-papa... petits-enfants, petits-neveux, petits-cousins vont tous arriver à la queue leuleu... avec leurs bouquets et leurs petits cadeaux... Oh! mais, silence... il ne faut pas avoir l'air... c'est une surprise... je dois l'ignorer. (*Il va s'asseoir sous le marronnier à gauche.*) Tiens, que je suis bête... je m'en vais lire ces affiches... ça me distraira. (*Lisant les affiches.*) Demain aura lieu le grand banquet de la Fraternisation. (*Parlé.*) Ça, je m'en bats un peu l'œil ! (*Lisant une autre affiche.*) C'est demain qu'aura lieu le grand banquet de la Démocratisation... (*Parlé.*) Sont-ils embêtants avec leur mangeaille! (*Lisant.*) Banquet des coiffeurs. *Nota.* On ne sera admis que frisé. Banquet des marchands de vin, banquet des porteurs d'eau... (*Parlé.*) Tiens ! je croyais que les marchands de vin et les porteurs d'eau ça ne faisait qu'un... si ceux-là se divisent... je ferai ma provision. (*Lisant.*) Banquet... banquet... banquet... (*Parlé.*) Oh! oh! une tartine politique... voyons donc... voyons donc. (*Il se remet à lire.*)

### SCÈNE II.

GODARD, BRIGITTE, puis ANTONIN, BRANCHU, MADAME MOUCHERON.

BRIGITTE, *au fond à gauche avec un bouquet qu'elle cache.*

Il lit... bon ! (*Faisant signe à la cantonade du côté où elle est entrée.*) Par ici, vous autres, par ici. (*Antonin, Branchu et Madame Moucheron paraissent avec des bouquets.*)

BRANCHU.

Où est-il ?

MADAME MOUCHERON.

Chut ! pas de bruit !

ANTONIN.

Et souhaitons-lui ça avec ensemble.

GODARD, *à part.*

Ils croient que je ne les vois pas.

BRANCHU.

Quant au couplet de circonstance, vous partirez quand je vous le dirai. (*Tous quatre s'approchent du père Godard en offrant leurs bouquets.*)

TOUS.

Père Godard...

GODARD, *quittant sa lecture.*

Hein !

BRANCHU.

Partez ! (*Tous les quatre chantent à tue-tête.*)

CHŒUR.

Air des *Trembleurs.*

En ce jour anniversaire
D'une fête vraiment chère
Accordez-nous, cher grand père,
Un bon baiser sur le front.
Que cette fleur printannière
Vous rende à nos vœux prospère...
Sans la craint' de vous déplaire
Nous en chanterions plus long.

(*Pendant ce couplet, Godard s'est levé, a gagné le milieu du théâtre, madame Moucheron a pris une chaise près du marronnier et la lui a avancée; il s'assied, entouré de sa famille.*)

GODARD.*

Ces pauvres enfants !.. Comment ! c'est aujourd'hui ma fête...

MADAME MOUCHERON.

La saint Maclou.

GODARD.

Ah ben! si je pensais à ça...

BRANCHU.

Qu'est-ce que vous dites du couplet ?

GODARD.

Très joli, très joli.

BRANCHU.

Il est de moi... mais permettez-moi d'y ajouter ceci. (*Il tire un paquet caché sous son tablier.*)

GODARD.**

Qu'est-ce que c'est que ça ?..

BRANCHU.

C'est une oie grasse.

GODARD.

Et toi, Madame Moucheron ? Qu'est-ce que tu caches là ?..

MADAME MOUCHERON.

Une bouteille d'anisette... et de la chenue !

ANTONIN.

Plus un paquet de tabac.

BRIGITTE.

Plus un bonnet de soie noire.

(*Ils lui remettent au fur et à mesure leurs bouquets et leurs cadeaux; Godard en est encombré.*)

GODARD.

C'est trop, vous avez fait des folies.

Anton. madame Mouch. God. Brigitte, Branchu.
* Ant. madame Mouch. God. Branch. Brig.

MADAME MOUCHERON.

Ah ! c'est que vous êtes la crème des vieux, vous !

TOUS.

Oh ! oui. (*Brigitte le débarrasse de tous les paquets et va les porter sur un banc qui est à droite, près de la porte de la maison de Godard.*)

ANTONIN.

Et piocheur ! car enfin, si vous fabriquez de la corde... c'est pour votre agrément.

GODARD.

Si je fabrique de la corde... c'est pour ma famille...

BRANCHU, *à part.*

Quel aimable vieillard!

BRIGITTE, *revenant.*

C'est possible... mais à votre âge vous devriez vous reposer.

GODARD.*

Ah ! c'est que je n'ai pas été habitué à me croiser les bras... un ancien soldat... d'ailleurs le métier que je fais n'est pas dur... grâce à mes ouvriers... de braves gens... Quand j'ai vu que la tête déménageait...

ANTONIN.

Oh! père Godard !

GODARD.

Si, elle déménage un peu... j'ai assemblé mes ouvriers et je leur ai proposé d'abdiquer en faveur de l'un d'eux... ah! bien oui! il n'y a pas eu moyen ! nous voulons le père Godard ! nous ne voulons que le père Godard ! alors j'ai bien été forcé de leur en donner... du Godard !

BRANCHU, *à part.*

Quel aimable vieillard !

GODARD.

Ce n'est pas tout ça, mes enfants... parlons un peu de vous, de vos petites affaires. (*A Antonin.*) L'ébénisterie, ça va-t-y un peu * ?

ANTONIN.

Ça ne demande qu'à remordre.

GODARD, *à Brigitte.*

Et la lingerie ?

BRIGITTE.

Ça boulotte. (*Elle va près du banc, mettre de l'ordre dans les bouquets et paquets qu'elle y a déposés.*) Antonin la suit.

GODARD.***

Et toi, Branchu ?.. le premier restaurateur de la barrière !.. ah ça ! mon gaillard, tu as donc fait arranger ta boutique ?

BRANCHU.

Dame ! je m'ai mis à la mode.

GODARD.

Ça a dû te coûter bon tout ça. Par exemple, il y a un changement que je n'approuve pas.

* Ant. madame Mouch. God. Brig. Bran.
** Madame Mouch. Ant. God. Brig. Bran.
*** M. Mou. God. Bran. Brig. Ant.

## SCÈNE III.

BRANCHU.

Lequel?

GODARD.

C'est ton enseigne : *Au gigot démocratique et social !..* Qu'est-ce que ça veut dire?

BRANCHU.

Démocratique et social! ça veut dire... ça ne veut rien dire du tout, voilà!

GODARD.

Alors, j'aimais mieux ton autre enseigne : *C'est ici qu'on ne boit pas de bon vin...* c'est le petit chat! C'était naïf et gentil.

BRANCHU, *à part.*

Il est un peu encroûté, le père Godard *.

GODARD.

Surtout, ne va pas te lancer dans les banquets politiques...

BRANCHU.

Vous ne les aimez pas.

LE PÈRE GODARD.

Je n'en ai aimé qu'un... celui qui a été donné le 14 juillet 1790, jour de la fédération... Pour mettre le couvert... il fallut agrandir le Champ-de-Mars, nous étions trois cent mille à table... presque pas d'avocats.

BRANCHU.

Quelle chance!

ANTONIN.

Et des médecins?

GODARD.

Encore moins. Nous n'avions qu'un cœur, nous ne poussions qu'un cri : Vive la France !.. ah! c'était beau... mais aujourd'hui, ils se groupent quarante Messieurs en lunettes autour d'un morceau de veau, et ils prétendent remuer le monde... allons donc!

BRANCHU.

Ne craignez rien, père Godard, jamais la politique n'entrera dans ma boutique... c'est des vers... de moi. (*A part.*) Pauvre bonhomme! s'il savait...

GODARD.

C'est dans ton intérêt... car si tu te ruines, je ne pourrais plus consentir à ton mariage avec ma petite Brigitte.

BRIGITTE, *à part.*

Ah! mon Dieu! (*Bas à Godard.*) Grand papa, j'aurais quelque chose à vous dire... entre nous...

GODARD **.

Bien, mon enfant. (*Elle s'éloigne.*)

ANTONIN, *bas à Godard.*

Père Godard, j'aurais deux mots à vous communiquer seul à seul.

GODARD.

Bien, mon enfant. (*Antonin s'éloigne.*)

* Anton. mad. Mouc. God. Brig. Branc.
** M. Mouch. Ant. God. Brig. Br.

MADAME MOUCHERON, *bas à Godard.*

Grand papa, il faut que je vous parle... j'ai des choses capitales à vous révéler *.

GODARD.

Bien, mon enfant... alors je commencerai par toi, les autres viendront à leur tour... nous avons le temps de nous revoir... nous dînons ensemble... vous savez que c'est aujourd'hui le petit banquet annuel de la famille.

ANTONIN.

Est-ce qu'on oublie ça!

GODARD.

Et ces banquets-là valent bien les autres... D'abord on parle chacun son tour, on cause un peu de tout, excepté du gouvernement... on trinque à ses souvenirs, à ses espérances, et puis...

Air : *Tout ça passe.*

Au dessert on s'met en train,
On attaqu' la chansonnette,
On s'embrasse à chaqu' refrain
En frappant sur son assiette.
Enfin, la p'tit' gaillardise
Qui fait rire la maman,
Et le bon vin qui vous grise...
Tout ça passe (*bis*)
Sans aucun amendement.

BRANCHU, *à part.*

Quel aimable vieillard!

GODARD.

C'est pourquoi, Mesdames, vous allez préparer le dîner.

BRIGITTE, *allant au banc.*

Je me charge de l'oie.

BRANCHU.

Oh! merci, mademoiselle Brigitte.

ANTONIN, *la suivant*.

Dites donc, cousine... si vous vouliez, nous la plumerions ensemble... je plume très bien.

BRIGITTE.

Allons... venez.

BRANCHU.

Moi, je retourne à mes fourneaux.

CHŒUR.

Air : *O reine de l'Adriatique*, (Haïdée.)

Il ne faut pas bavarder davantage,
Courons, courons, chacun à notre ouvrage;
Quand le devoir accompli vous dégage,
Tout au bonheur,
On lui livre son cœur.

(*Brigitte et Antonin entrent à droite chez Godard. Branchu sort par le fond à gauche.*)

## SCENE III.

GODARD, MADAME MOUCHERON.

GODARD.

Voyons, qu'est-ce que tu as à me dire?

* M. Mouch. G. Br. Brig. Ant.
** M. Mou. Br. God. Ant. Brig.

MADAME MOUCHERON.
Ah! le brigand!

GODARD.
Plaît-il?

MADAME MOUCHERON.
Ah! le sacripan! le sapajou!

GODARD *.
Qui ça?

MADAME MOUCHERON.
Mon mari, parbleu!.. Moucheron.

GODARD.
Qu'est-ce qu'il a fait?

MADAME MOUCHERON.
Lui! il ne fait plus rien.

GODARD.
Comment? il a quitté son état de colleur d'affiches.

MADAME MOUCHERON.
Ah! ben oui! son état!.. il est joli... Monsieur se promène les mains dans ses poches, Monsieur fume des cigares, Monsieur dîne en ville...

GODARD.
C'est bien extraordinaire...

MADAME MOUCHERON.
Enfin, l'autre jour, père Godard, devinez ce que j'ai trouvé dans sa poche... des gants! une paire de gants!

GODARD, *stupéfait*.
Je reste anéanti!

MADAME MOUCHERON.
Mais ce n'est pas tout... je ne le vois pas de la journée... il rentre à des heures!.. qui font hurler les portiers; et cette nuit... il a rêvé, il a parlé...

GODARD.
Ah! qu'est-ce qu'il a dit?

MADAME MOUCHERON.
Il s'est écrié : Vive la sociale! ma vie pour la sociale!

GODARD.
La sociale? qu'est-ce que c'est que ça?

MADAME MOUCHERON.
Une femme, parbleu! une créature qui lui fourre des gants et des dîners...

GODARD.
Ah! ce n'est pas probable... il est si laid.

MADAME MOUCHERON.
Ça n'est pas une raison... sa laideur est peut-être devenue de mode... en temps de révolution. Ce qui m'intrigue le plus... c'est qu'il ne travaille pas et qu'il a toujours de l'argent.

GODARD.
Qu'est-ce qui lui en donne?

MADAME MOUCHERON.
Ca ne peut être que la sociale

GODARD.
Oh! ça m'étonnerait bien.

\* Mad. Mouch. God.

MADAME MOUCHERON
Ah! si j'en étais sûre!

GODARD.
Qu'est-ce que tu ferais?

MADAME MOUCHERON.
Je lui ferais... du chagrin! Il y a un Monsieur très bien... qui m'en conte... qui porte des gants aussi... et des lorgnons, et des bagues, et des breloques... et certainement si je voulais... (*Elle remonte.*)

GODARD.
Malheureuse! garde-toi bien de céder à un moment de colère.

MADAME MOUCHERON, *revenant*.
J'y céderais avec plaisir!

GODARD.
Voyons, calme-toi, tu te trompes, je verrai Moucheron, je lui parlerai...

ANTONIN, *paraissant à la porte de Godard*.
Peut-on entrer?..

GODARD.
Je suis à toi!

MADAME MOUCHERON.
D'abord ce qu'il me fera, je le lui ferai\*... œil pour œil, dent pour dent, voilà... (*Elle entre chez Godard. Antonin a quitté la porte et est venu à gauche.*)

~~~~~~~~~~~~~~~~~~~~~~~~~~~~~

## SCÈNE IV.
### ANTONIN, GODARD.

GODARD, *à Antonin*.
Voyons... que veux-tu?

ANTONIN.
C'est que je ne sais comment vous dire... (*Pleurant tout à coup.*) Ah! je suis bien malheureux pour un ébéniste!

GODARD.
Eh bien! tu pleures?.. voyons donc, morbleu!

ANTONIN, *pleurant*.
Non... je suis trop malheureux... j'aime ma cousine Brigitte!

GODARD.
Comment!.. mais pourquoi ne m'as-tu pas dit ça plus tôt... maintenant qu'elle est promise à Branchu.

ANTONIN, *pleurant*.
Aussi, c'est votre faute. Ah! ah!

GODARD.
Comment! ma faute?

ANTONIN, *pleurant*.
Certainement : tant que ma cousine elle n'avait rien, je ne me pressais pas... je me disais : je pourrai toujours lui en offrir autant... mais v'là que vous avez la contrariété de lui promettre une dot de huit mille francs... alors moi, un simple

\* God. M. Mouch.

ouvrier, je n'ai plus osé... mais Branchu qu'a un établissement, il a osé, lui!

GODARD.

Pauvre garçon!

ANTONIN, *pleurant*.

Mais il sera malheureux... et ma cousine aussi... et moi aussi... et vous aussi.

GODARD.

Toi, je le comprends.

ANTONIN, *pleurant*.

Nous serons tous malheureux... car elle ne l'aime pas, ma cousine.

GODARD.

Qui te l'a dit?

ANTONIN, *pleurant*.

C'est elle... je l'ai rencontrée ce matin chez la bouquetière... et en choisissant des fleurs nous nous sommes fait de l'œil.

GODARD.

Comment!

ANTONIN.

Et en nous faisant de l'œil, nous nous sommes pris la main... et en nous prenant la main nous nous sommes dits que nous nous aimions. Alors la joie... (*Pleurant très fort.*) Nous nous sommes mis à pleurer! ah! ah!

GODARD, *l'imitant*.

Ah! ah! que le diable t'emporte! Voyons, qu'est-ce que tu veux que j'y fasse? je suis engagé avec Branchu, et à moins d'un motif grave...

BRIGITTE, *de dedans la maison*.

Père Godard, qu'est-ce qu'il faut mettre dans l'oie?

GODARD.

Qu'est-ce qu'il faut mettre dans l'oie?.. des marrons... Allons, bon! j'ai oublié de donner les marrons... j'y vais!

ANTONIN, *pleurant en l'accompagnant*.

Allez! père Godard... faites mettre des marrons dans l'oie, faites en mettre beaucoup... parce que le marron en famille... ça console.

~~~~~~~~~~~~~~~~~~~~~~~~

SCENE V.

ANTONIN, puis MOUCHERON.

ANTONIN, *seul*.

Ce père Godard... il ne m'a donné aucune espérance, mais il m'a remis du baume! ah! si j'épousais Brigitte... je travaillerais!.. pour lui acheter des robes, des socques, des bonnets... je voudrais piocher jour et nuit.

MOUCHERON, *entrant du fond à gauche, les mains dans les poches, un cigare à la bouche.*

Piocher! en voilà une bêtise!

ANTONIN.

Moucheron!.. Pristi! quelle tenue!.. et un cigare!

MOUCHERON.

Oui, j'ai quitté la pipe... elle me débilitait!

Antonin. Mouch.

ANTONIN.

Il paraît que l'état de colleur va bien?

MOUCHERON.

Oh! du tout! du tout!.. je ne colle plus... tu comprends... j'étais obligé de coller des choses contraires à mes opinions... et quand on ne colle pas avec conscience, il vaut mieux ne pas coller.

ANTONIN.

Et comment fais-tu pour vivre?

MOUCHERON, *frappant sur sa poche qui sonne l'argent*.

Tiens! écoute ça... j'ai choisi une autre branche.

ANTONIN.

Et qu'est-ce que tu fais?

MOUCHERON.

Je me promène, je regarde, j'observe, je prends de l'absinthe, ça fait digérer, et le soir j'assiste à des réunions politiques.

ANTONIN.

Comment! est-ce que tu serais... (*Imitant le bourdonnement d'une mouche et faisant le geste de l'attraper.*)

MOUCHERON.

Ah! fi donc... non... je suis... comment te dirais-je?.. je suis enrôlé dans la tapisserie...

ANTONIN.

Des Gobelins.

MOUCHERON.

Non des banquets... tu sais bien, pour les bals on loue des quinquets et des danseurs... eh bien! pour les banquets... on loue des quinquets et des orateurs... j'appartiens à cette dernière... ficelle.

ANTONIN.

Mais explique-moi.

MOUCHERON.

Veux-tu en être? justement on a besoin de monde... je te ferai agréer.

ANTONIN.

Qu'est-ce qu'il faut faire?

MOUCHERON.

D'abord il faut aimer le veau... Aimes-tu le veau?

ANTONIN.

Je ne crains pas le veau.

MOUCHERON.

Ça suffit; le reste n'est rien.

Air : *Nous nous marierons dimanche*.

Dans de grands salons
Comme des ognons
Côte à côte l'on s'empile ;
On mange fort peu.
Avec du p'tit bleu
On s'arros' le péristile,
On s' pâme en chœur
Quand l'orateur
Écume ;
On crie : charmant,
Quand l' président

S'résume ;
On éreint, crânement
Le gouvernement...
Et de temps en temps l'on fume.

V'la [...] et tu toucheras trente sous par jour.

ANTONIN.

Je gagne trois francs de mon état.

MOUCHERON.

Mais tu n'es pas nourri, et tu te démanches le corps et l'âme à appliquer de l'acajou sur du bois blanc... ça t'abrutit... ça te maigrit... tandis que moi* (*Il va s'asseoir et s'étale sur une chaise sous le marronnier.*) je m'engraisse à rien faire, je m'épanouis, je me fleuris... et on a beau dire, vois-tu, l'oisiveté, c'est la mère... de la fraîcheur !.. Dis donc, ne parle pas à ma femme de ma nouvelle profession.

ANTONIN.

Pourquoi ?

MOUCHERON.

Elle ne me comprendrait pas, elle prétend que je suis un crétin, moi ! c'est à se tordre !... mais patience !.. Oh ! (*Il se lève vivement.*) si j'arrive au timon !...

ANTONIN**.

Toi !

MOUCHERON.

J'ai rêvé cette nuit que j'affranchissais mon pays... comme Jeanne d'Arc...

ANTONIN.

Jeanne d'Arc ?

MOUCHERON.

Une exception d'Orléans.

ANTONIN.

C'est égal, à ta place, avant de me lancer dans tout ça, je demanderais l'avis du père Godard.

MOUCHERON.

Le père Godard, c'est un aristo... un vieux réac... il me déshériterait... non, j'ai pour moi l'estime de Bar-du-Bec... ça me suffit.

ANTONIN.

Qu'est-ce que c'est que Bar-du-Bec ?

MOUCHERON.

C'est un enragé... c'est lui qui nous pousse... c'est l'âme de tous nos festins... Je te présenterai à ce noble caractère...

ANTONIN.

Merci, je n'y tiens pas.

MOUCHERON.

Il te démocratisera... il te carmagnolisera... et tu seras des nôtres... je te recommanderai aussi au cousin Branchu.

ANTONIN.

Il en est ?

* Mouch. Ant.
** Ant. Mouch.

MOUCHERON.

C'est notre cuisinier... le cuisinier de la rouge ! Justement le voici.

SCÈNE VI

ANTONIN, BRANCHU, MOUCHERON.

BRANCHU, *accourant du fond, à gauche.*

Ah ! Moucheron, je te cherchais.. (*A Antonin.*) Bonjour, petit.

MOUCHERON.

Comme tu es essoufflé.

BRANCHU.

Ne m'en parle pas pas... encore un banquet !.. la Démocrate qui me tombe sur le dos sans me prévenir...

MOUCHERON.

Comment ! toute la Démocrate.

BRANCHU.

Oh ! non, une fraction... la vingt-deuxième nuance.

ANTONIN.

Ils sont donc par nuance ?

BRANCHU.

Oui, nous les avons divisés, parce que tant plus il y a de nuances, tant plus il y a de banquets !... (*A Moucheron.*) Ah ça ! je compte sur toi... c'est pour ce soir...

MOUCHERON.

Ce soir ? impossible.

BRANCHU.

Comment ?

MOUCHERON.

La fête du père Godard...

BRANCHU.

C'est juste... Comment faire, moi qui ai mis ton nom sur le programme...

MOUCHERON.

Diable !

BRANCHU.

Comme c'est désagréable... me voilà obligé de mettre une bande sur l'affiche.

MOUCHERON.

Ça ne se peut pas... Ma foi ! tant pis pour la famille !... j'irai à la Démocrate.

ANTONIN.

Mais tu n'y penses pas..,

MOUCHERON.

Ecoute donc, mon cher, mon pays avant tout.

BRANCHU, *lui donnant un papier.*

Et puis je t'ai préparé un toast. (*Prononcer to-ast.*)

ANTONIN.

Un to-ast ! qu'est-ce que c'est que ça ?

BRANCHU.

Oh ! il ne sait pas ce que c'est qu'un to-ast !...

MOUCHERON.

Ébéniste, va ! (*Il repousse Antonin à droite.*) Je vas y dire !... on appelle to-ast... un petit

## SCÈNE VI.

morceau de papier qu'on lit entre deux vins. Ecoute celui-là : (*Il ouvre le papier.*) Tu commences par boire... (*Lisant avcemphase*). Aux gigots du citoyen Branchu, barrière du Maine, n° 33 !

BRANCHU*.

Tu comprends, quelle adresse !... ça donne la mienne !...

MOUCHERON, *continuant.*

Au tourne-broche de la démocratie, tonnerre !..

BRANCHU.

Non !.. non !.. n'y a pas ça. (*Regardant.*) Tonnerre... d'applaudissements... Tu ne liras pas ça... c'est pour envoyer aux journaux...

ANTONIN.

Est-ce que les journaux en sont ?

MOUCHERON, *riant.*

Ah ! ah ! il demande si les journaux... (*Lisant.*) Citoyens, puissions-nous nous retrouver souvent dans ce beau local, franchement, et décorés !..

BRANCHU.

Comment, qu'est-ce que tu dis ?.. franchement... c'est fraîchement... fraîchement décoré.

MOUCHERON, *se reprenant.*

Ah !.. fraîchement décoré... orné de glaces...

ANTONIN.

Mais c'est une réclame.

MOUCHERON.

Maintenant on appelle ça un to-ast.

ANTONIN. **

Comment ! toi, Branchu, un honnête restaurateur, tu donnes dans ces manigances-là.

BRANCHU.

Mon cher, si je n'avais pas trouvé cette banque... j'étais ruiné.

ANTONIN.

Pas possible.

BRANCHU.

Voilà ! après avoir fait des frais énormes pour agrandir mes salons... il s'est trouvé que personne ne venait... J'étais tout seul à me mirer dans mes glaces... c'était affreux. Tout à coup j'entends parler des banquets... une idée me pousse... et j'entreprends de les confisquer à mon profit... Je fais des colles énormes...

MOUCHERON.

Moi, je les affiche !

BRANCHU.

Non ! Je fais des affiches énormes.

MOUCHERON.

Et moi, je les colle, ça revient au même.

BRANCHU.

Et le lendemain on lisait sur tous les murs de Paris : chez Branchu, banquet démocratique ! chez Branchu, banquet socialiste... banquet blanc...

MOUCHERON.

Banquet rouge !..

BRANCHU.

Banquet bleu !..

MOUCHERON.

Banquet de toutes les couleurs, Toujours chez Branchu !

BRANCHU.

Toujours chez Branchu ! Trois francs par tête !.. On mange pour cinq sous, on parle pour cinquante-cinq... ça fait leur compte... et le mien aussi.

MOUCHERON.

C'est admirable !.. (*Criant.*) Nommons Branchu !

BRANCHU.

Le difficile fut d'organiser le noyau fécondateur du banquet, de trouver les boute-feux, les allumeurs, ceux qui portent les to-asts... et qui font les murmures.

ANTONIN.

Les murmures... comment ça ?..

MOUCHERON.

Tiens, une supposition... te voilà, n'est-ce pas ? T'es pas un aigle, t'es abruti par le palissandre...

ANTONIN.

Moi ?..

BRANCHU.

Enfin, tu manques complètement de moyens...

ANTONIN.

Permettez...

MOUCHERON.

Ça ne fait rien... Du moment que t'es de notre bord... tu demandes la parole...

ANTONIN.

Pourquoi ?..

MOUCHERON.

N'importe... Tu la demandes... tu l'as, parle.

ANTONIN.

Mais...

BRANCHU.

Parle donc !...

ANTONIN.

Mais, qu'est-ce que vous voulez que je dise...

BRANCHU et MOUCHERON, *applaudisssant.*

Bravo !.. aho !.. aho !.. aho !..

MOUCHERON.

L'enthousiasme déborde, on t'empoigne... on t'élève sur le pavois comme ça. (*Il l'enlève avec Branchu en criant.*) Vive l'orateur ! vive l'orateur !.. (*Ils le lâchent, Antonin tombe lourdement.*)

BRANCHU *.

Ceci s'appelle une ovation,.... c'est très demandé !...

MOUCHERON.

Maintenant, une autre supposition... T'es sé-

---

* Br, Mouch. Antonin.
** Branchu. Ant. Mouch.

* Mou. Ant. Br.

millant d'esprit... pétri de bon sens... et pinçant du monologue comme... Royer-Collard.
BRANCHU.
Mais... t'es pas de notre bord..
MOUCHERON.
Tu veux parler... n'est-ce pas ? par.«
ANTONIN.
Mais alors je...

ENSEMBLE.
MOUCHERON, *criant et frappant du pied.*
A la porte! à la porte !
BRANCHU, *idem.*
A bas!... à bas !..

MOUCHERON.
Avec accompagnement de taloches et de bourrades. Pif! Paf!.. (*Moucheron et Branchu lui donnent des coups de poing.*)
ANTONIN.
Aïe ! aïe ! finissez donc!..
MOUCHERON.
Voilà ce qu'on appelle des murmures !
ANTONIN, *se rajustant.*
Merci bien !
BRANCHU.
Maintenant, tu comprends... Il m'a donc fallu composer tout ce personnel... réunir mes comparses, mes figurants, car ce sont toujours les mêmes, comme chez Franconi !... Aux uns, je donne dix sous... aux autres, vingt sous... quelquefois trente...
MOUCHERON.
Mais c'est rare...
BRANCHU.
Selon qu'on a le profil révolutionnaire ou l'organe montagnard... Moucheron a trente sous.
ANTONIN.
Comme organe ?
BRANCHU.
Non ! comme profil !
MOUCHERON.
Ah ! généreux Branchu ! (*Criant.*) Nommons Branchu ! Dis donc !.. v'là le cousin Antonin.... qui veut en être...
BRANCHU.
Est-ce qu'il aime la sociale ?
MOUCHERON.
Il aime le veau !
BRANCHU.
C'est facile !...
ANTONIN *.
Merci !.. Ce que je viens d'entendre... je n'aime plus le veau... j'aime mieux fabriquer des commodes et des secrétaires...
MOUCHERON.
Il aime mieux travailler !... (*Lui donnant une poussée.*) Ah ! feignant !...

* Ant. Mou. Br.

BRANCHU.
On ne force personne...
Air : *J'ai cent écus d'argent blanc.*
Moi, je m'en vais de ce pas
Installer ma pratique ;
Il faut dans ces grands repas
Éviter l'embarras.
(*A Moucheron.*)
Toi, repasse avec ardeur
De ton discours chaque réplique.
MOUCHERON.
Il y va de mon honneur.
ANTONIN, *à part.*
Ah ! oui, le brillant orateur.
ENSEMBLE.
BRANCHU.
Moi, je m'en vais de ce pas
Installer ma pratique ;
Il faut dans ces grands repas
Éviter l'embarras.
MOUCHERON.
Courez vite de ce pas
Installer la pratique ;
Il faut dans ces grands repas
Éviter l'embarras.
ANTONIN.
Se donner tant d'embarras
Quelle indigne tactique,
Certe, on ne me verra pas
A de pareils repas.
(*Branchu sort par le fond à gauche. Antonin entre à droite chez Godard.*)

## SCÈNE VII.
MOUCHERON, BAR-DU-BEC.

BAR-DU-BEC, *venant du fond, à droite, costume de montagnard outré, l'air très mystérieux, à Moucheron.*
Pst ! pst !
MOUCHERON.
Ah ! c'est le grand Bar-du-Bec... l'illustre Bar-du-Bec !
BAR-DU-BEC, *à voix basse.*
Chut ! sommes-nous seuls ?
MOUCHERON, *de même.*
Oui.
BAR-DU-BEC *, *à voix basse.*
Comment te portes-tu ?
MOUCHERON, *de même.*
Bien... quoi de nouveau ?
BAR-DU-BEC, *de même.*
Chut !.. rien !
MOUCHERON, *de même.*
Vous avez un chat dans la gorge ?
BAR-DU-BEC, *de même.*
Non, mais on m'épie, on m'observe... chut ! sommes-nous seuls ? (*Il remonte.*)
MOUCHERON, *de même.*
Oui.
BAR-DU-BEC, *revenant, de même.*
Ma tête est mise à prix.

** Bard. Mouch.

## SCÈNE VII.

MOUCHERON, *de même*.
Par qui?
BAR-DU-BEC, *de même*.
Je n'en sais rien... je soupçonne l'Autriche.
MOUCHERON, *de même*.
Moi aussi.
BAR-DU-BEC.
Veillons!
MOUCHERON.
Veillons !!!
BAR-DU-BEC, *l'éloignant*.
Pas si près... tu sens l'ail... ça m'incommode.
MOUCHERON.
Ça me vient du banquet d'hier... c'est le gigot de la montagne...
BAR-DU-BEC, *mystérieusement*.
Sommes-nous seuls?
MOUCHERON.
Toujours.
BAR-DU-BEC, *de même*.
J'ai besoin de toi.
MOUCHERON, *de même*.
Pourquoi?
BAR-DU-BEC, *de même*.
Pour un banquet.
MOUCHERON, *de même*.
Quand?
BAR-DU-BEC, *de même*.
Ce soir.
MOUCHERON, *de même*.
Impossible!..
BAR-DU-BEC, *de même* *.
Sommes-nous seuls?
MOUCHERON, *de même*.
Toujours!
BAR-DU-BEC, *de même*.
Il s'agit d'un banquet de femmes.
MOUCHERON, *de même*.
Fichtre! j'irai... (*Se rapprochant*.) Je brûlerai la politesse à l'autre.
BAR-DU-BEC, *l'éloignant*.
Pas si près!..
MOUCHERON.
Mais j'y pense, un banquet de femmes... je n'appartiens pas à ce sexe.
BAR-DU-BEC.
Ça ne fait rien... règle générale : dans les banquets de femmes, l'homme domine.
MOUCHERON.
C'est moral.
BAR-DU-BEC.
De la tenue, et du linge!
MOUCHERON.
Je boutonnerai mon paletot. Pourra-t-on faire l'œil?
BAR-DU-BEC.
On ne fera que ça... voici ton toast : *aux forts*...

MOUCHERON.
De la halle?
BAR-DU-BEC.
Non! aux forts du dix-neuvième siècle... je me suis trompé... ce n'est pas le tien... le voici. (*Il lui remet un autre papier*.)
MOUCHERON, *lisant*.
« Aux amours échevelés ! »
BAR-DU-BEC.
Étudie ça.
MOUCHERON, *tendant la main*.
Et mes trente sous.
BAR-DU-BEC, *la lui serrant*.
Je te les dois *. (*Il remonte*.)
MOUCHERON.
Le menu sera-t-il gaillard?
BAR-DU-BEC.
Chut! sommes-nous seuls?
MOUCHERON.
Oui.
BAR-DU-BEC.
Le gruyère vient de chez Véfour.
MOUCHERON.
Mazette!
BAR-DU-BEC.
Silence! ne compromettons pas ce personnage... Au dessert, Madame de Cinq-Amours prononcera un toast : *à l'union de l'homme et de la femme !*
MOUCHERON.
C'est vigoureux... qu'est-ce que c'est que Madame de Cinq-Amours?..
BAR-DU-BEC.
Une ange... séparée de corps et de biens!... Comment se porte Madame?
MOUCHERON.
Bien. A propos, vous êtes venu hier... je n'y étais pas.
BAR-DU-BEC.
Oui, je passais... je suis monté un moment... cinq minutes.
MOUCHERON.
Comment! vous avez fait quatorze parties de domino.
BAR-DU-BEC.
Ah! oui... c'est possible...
MOUCHERON.
Ce bon Bar-du-Bec... il joue le domino avec ma femme... tenez! il faut que je vous embrasse.
BAR-DU-BEC.
Avec plaisir! (*Ils s'embrassent*.) (*A part*.) Voilà un mâtin qui sent l'ail!
MOUCHERON.
Eh bien! donc, à tantôt!.. je vais étudier mon to-ast. (*A lui-même*.) Aux amours échevelés!..

* Mouch, Bar-du-bec.

Air du *Démon de la nuit.*
De mon to-ast nouveau
Dans la solitude ;
J' vais là-bas sous ce berceau
Me meubler l' cerveau.
Je s'rai beau
Grâce à cette étude,
Je s'rai beau
Comme Mirabeau.
REPRISE ENSEMBLE.
Je s'rai beau.
Grâce à cette étude ;
Je s'rai beau
Comme Mirabeau.
BAR-DU-BEC.
Il s'ra beau
Grâce à cette étude ;
Il s'ra beau
Comme Mirabeau.

(*Moncheron sort à gauche.*)

## SCÈNE VIII.
BAR-DU-BEC, MADAME MOUCHERON.

MADAME MOUCHERON, *sortant de chez Godard.*
Où est passé ce brigand de Moucheron ?
BAR-DU-BEC *s'avance doucement derrière elle et lui fait à l'oreille :* cou ! cou *!*

MADAME MOUCHERON.
Ah ! que c'est bête !

BAR-DU-BEC.
Vous demandez Moucheron... je réponds cou ! cou !.. c'est une piquante raillerie !

MADAME MOUCHERON, *à part.*
Quel être séduisant !

BAR-DU-BEC.
J'ai reçu votre billet ce matin. (*Le montrant.*) Le voici... j'irai au rendez-vous.

MADAME MOUCHERON.
Ah ! quelle folie ! mais ce billet, je l'ai écrit dans un moment de colère... de dépit contre mon mari... je le rétracte.

BAR-DU-BEC.
Par exemple ! après ce que nous nous sommes dit !

MADAME MOUCHERON.
Quand ça ?

BAR-DU-BEC.
Hier soir... méchante.

MADAME MOUCHERON.
Air : *Ne m' parlez pas.*
N' parlons pas d' ça, (*bis*)
C'est bon le soir quand on veut rire.
N' parlons pas d' ça (*bis*)

BAR-DU-BEC.
Pourquoi ? vot' mari n'est pas là.

MADAME MOUCHERON.
Je n' sais pas c' que vous voulez dire.
Pourtant, je dois vous interdire,
De parler d' ça. (*bis*)

*Mad. Mouc. Bar-du-Bec.

BAR-DU-BEC.
Mais cependant...

MADAME MOUCHERON.
J'aime Moucheron.

BAR-DU-BEC.
Non.

MADAME MOUCHERON.
Si.

BAR-DU-BEC.
Non.

MADAME MOUCHERON.
Enfin, je ne veux pas manquer à mes devoirs... certainement.

BAR-DU-BEC.
Vos devoirs !

MADAME MOUCHERON.
Ce n'est pas pour lui, le paltoquet ! mais pour moi... Une femme qui se respecte, se doit à son mari.

BAR-DU-BEC.
Qu'est-ce qui vous a dit ça ?

MADAME MOUCHERON.
Le père Godard.

BAR-DU-BEC.
Je vous ferai causer avec Madame de Cinq-Amours.

MADAME MOUCHERON.
Madame de Cinq-Amours ?

BAR-DU-BEC.
Oui, un bas bleu... rouge... qui envisage le mariage sous un point de vue tout nouveau..... Elle vous prouvera que si vous avez des passions... il ne faut pas les combattre... au contraire.... il faut les utiliser... et elle utilise les siennes... très bien !

MADAME MOUCHERON.
Et son mari ?

BAR-DU-BEC.
Son mari ! Qu'est-ce que c'est qu'un mari ?.... un monopole, un privilège... Or, il n'y a plus de monopole... excepté pour le tabac !.. donc il n'y a plus de maris... Vous avez besoin de causer avec Madame de Cinq-Amours.

MADAME MOUCHERON.
Eh bien ! c'est joli ! Et la famille !

BAR-DU-BEC, *remontant.*
A bas la famille !..

MADAME MOUCHERON.
Et les enfants ?

BAR-DU-BEC *.
Les enfants ! ça regarde l'État ! on les lui flanque ! on lui dit : Débarbouille-toi, débarbouille-les, fais de la bouillie !... rapproprie tout ça !...

MADAME MOUCHERON.
Allons donc !

BAR-DU-BEC.
Et plus tard, si on a besoin d'un garçon ou d'une fille... on va au magasin et on choisit ?.. dans le tas !

*Bar-du-Bec. Mad. Moucheron.

## SCÈNE IX.

MADAME MOUCHERON.
Comme pour les abricots.

BAR-DU-BEC.
Voilà !... Donc il n'y a plus d'enfants, plus de pères, plus de mères, plus rien !... que des passions..., j'en ai, vous en avez, nous en avons! Convenons d'un rendez-vous ? Marchons ?

MADAME MOUCHERON.
Un rendez-vous... et mon mari ?

BAR-DU-BEC.
Il mérite bien qu'on le ménage.. Un bandit... un coureur de ruelles... qui passe sa vie à papillonner !

MADAME MOUCHERON.
Comment !

BAR-DU-BEC.
Nous appelons ça papillonner... Ah ! je voudrais que nous papillonnassions !

MADAME MOUCHERON.
Me tromper ! Si j'en étais sûre !...

BAR-DU-BEC.
Achevez...

MADAME MOUCHERON.
Ah ! oui ! j'achèverais !...

BAR-DU-BEC.
Chut ! Sommes-nous seuls ?

MADAME MOUCHERON.
Oui.

BAR-DU-BEC, *mystérieusement*.
Je ne suis pas content de Moucheron.

MADAME MOUCHERON.
Vous savez quelque chose ?

BAR-DU-BEC.
Est-ce que vous n'avez pas remarqué ?

MADAME MOUCHERON.
Si ! le monstre a des gants !

BAR-DU-BEC.
Voilà ce que je voulais vous cacher !

MADAME MOUCHERON.
Oh ! mais il ne risque rien ! je vais le faire abîmer par le père Godard.

BAR-DU-BEC.
Quand ça ?

MADAME MOUCHERON.
Ce soir, à notre dîner de famille.

BAR-DU-BEC.
Il n'ira pas.

MADAME MOUCHERON.
Comment !

BAR-DU-BEC.
Il a mieux que ça. Il dîne avec des dames.

MADAME MOUCHERON.
Avec la Sociale ?

BAR-DU-BEC.
Juste

MADAME MOUCHERON.
Drôlesse ! Oh ! s'il s'en avise !... s'il a le malheur !... (*Avec expansion.*) Bénédict !

BAR-DU-BEC, *de même*.
Géraldine !

MADAME MOUCHERON, *avec colère*.
Si Moucheron ne vient pas ce soir au dîner du père Godard, j'irai, moi, à votre rendez-vous...

BAR-DU-BEC.
Bravo !

ENSEMBLE.
Air, d'*Haydée*.

MADAME MOUCHERON.
Oui, du téméraire
Je me vengerai !..
Et de sa colère
Combien je rirai !

BAR-DU-BEC.
A la vieille ornière
Je t'arracherai,
Et de l'arbitraire
Je te vengerai !

(*Madame Moucheron entre à droite chez Godard.*)

## SCÈNE IX.

BAR-DU-BEC, *puis* BRANCHU.

BAR-DU-BEC, *seul*.
Mordue !.. C'est une bonne idée que j'ai eue de fourrer Moucheron dans les banquets...

BRANCHU, *entrant par le fond à gauche*.
La démocrate peut arriver, le couvert est mis.

BAR-DU-BEC [*].
Branchu, j'allais chez vous.

BRANCHU.
Ah bah !

BAR-DU-BEC.
J'ai reçu votre lettre, où vous me dites que vous êtes gêné, que vous avez six cents francs à payer.. ça se trouve bien... le banquet de femmes qui devait avoir lieu demain est pour aujourd'hui.

BRANCHU.
Qu'est-ce que vous me dites là ?

BAR-DU-BEC.
Le représentant qui doit présider part demain, et vous comprenez... un banquet sans représentant, c'est comme un bocal sans corn... sans prunes.

BRANCHU.
Le fait est que c'est pâlot. Mais voilà l'embarras, c'est que j'en ai déjà un banquet pour aujourd'hui.

BAR-DU-BEC.
Diable !

BRANCHU.
Bah ! nous les tasserons... vos femmes sont socialistes, mes pratiques sont démocrates... ils s'entendent, ainsi...

BAR-DU-BEC.
Mais, pas du tout !.. ils s'entendaient hier.. mais aujourd'hui ce n'est plus ça...

[*] Br. Bar-du-bec.

BRANCHU.
Ah bah !
BAR-DU-BEC.
Il paraît que la sociale a dit à la démocrate qu'elle n'avait rien dans le ventre...
BRANCHU.
Ah ! c'est qu'elle ne l'a pas vu manger !
BAR-DU-BEC.
Alors la démocrate a pris la mouche et ils ont échangé...
BRANCHU.
Des mots ?
BAR-DU-BEC.
Oh ! non !.. des gifles !
BRANCHU.
Comment faire alors ?
BAR-DU-BEC.
N'en parlons plus, nous irons chez le voisin.
BRANCHU.
Mais du tout, je trouverai un moyen... Oh ! quelle idée ! j'aperçois le père Godard... laissez-moi avec lui.

ENSEMBLE.

Air, des *Souvenirs de Bade* (Maître Jean).

BRANCHU.

Près de tous vos amis
Je vous suis ;
Tout est bien,
N' changez rien
Au programme.
Oui, bien sûr nous aurons,
J'en réponds,
Pour notre festival,
Un local.

BAR-DU-BEC.

Oui, pour tous mes amis
Réunis,
Tout s'ra bien,
N' changez rien
Au programme,
Et bien sûr nous aurons,
J'en réponds,
Pour notre festival
Un local.

(*Bar-du-Bec sort par le fond.*)

## SCÈNE X.

BRANCHU, GODARD, *puis* MADAME MOUCHERON ET ANTONIN.

GODARD, *à lui-même*.

Je ne connais rien de joli comme une oie à la broche... ça tourne... ça tourne...

BRANCHU.

Père Godard, je viens vous demander un service.

GODARD.

Parle, mon garçon.

BRANCHU.

Votre grand atelier de corderie qui est là... au fond... il se repose aujourd'hui !

GODARD.

Damę ! c'est dimanche... je fais assez piocher mes ouvriers dans la semaine.

BRANCHU.

Oh ! ça c'est vrai... même que vous avez fait venir le gaz dans votre établissement...

GODARD.

C'est pour les faire travailler à la chandelle... Par exemple à dix heures... bernique ! je donne un tour de clé ici... le gaz s'éteint et bonsoir la compagnie.

BRANCHU.

Et combien que vous avez de becs ?

GODARD.

Six.

BRANCHU.

Ça suffira.

GODARD.

Pourquoi faire ?

BRANCHU.

Ah ! c'est qu'un banquet à la lumière c'est toujours mieux...

GODARD.

Un banquet ?..

BRANCHU.

Voilà... c'est que... (*A part.*) Comment lui dire ça ? (*Haut.*) J'ai aujourd'hui un repas de corps... des marguilliers... des dames patronesses... des gens qui s'occupent de l'humanité... au dessert.

GODARD.

A la bonne heure !

BRANCHU.

Et comme mes salons sont pleins.

GODARD.

Tu viens me demander ma corderie... du moment que c'est pour une bonne œuvre... tiens, voici la clé de la porte qui donne sur la rue... tu les feras entrer par là... de l'autre côté.

BRANCHU.

Merci, père Godard... (*Pendant que Branchu parle, madame Moucheron, aidée par Antonin, apporte la table de chez le père Godard et va la placer à gauche sous le marronnier.*) Je vais envahir votre corderie avec mes garçons... donner mes ordres... et je reviens me mettre à table !..

GODARD.

Eh bien ! va !.. nous t'attendrons ! (*Branchu sort par le fond à droite, Antonin rentre chez Godard.*)

MADAME MOUCHERON.

C'est bien là, papa, que vous voulez qu'on mette le couvert.

* Br. Brig. God. madame Mouc. Ant.

GODARD.
Oui, la journée est belle... faut en profiter.

## SCÈNE XI.
MADAME MOUCHERON, GODARD, BRIGITTE, ANTONIN. *puis* BRANCHU.

BRIGITTE, *sortant de chez Godard avec des bouteilles.*
Voilà le vin !
ANTONIN, *paraissant avec un plat.*
Voilà l'oie !.. place à l'oie !
MADAME MOUCHERON, *défaisant un paquet.*
Et des biscuits de Reims !
BRIGITTE.
Oh ! quel bonheur !
ANTONIN.
Dîner à l'air, c'est si gentil !
GODARD.
Sous un arbre qu'on a planté... au milieu d'enfants qu'on a vu naître...
BRIGITTE.
Pauvre grand-père * !..
MADAME MOUCHERON, *à part.*
Je suis fâchée d'avoir donné rendez-vous à Bar-du-Bec... je n'irai pas.
BRANCHU, *accourant du fond à droite.*
Me voilà ! Mes garçons surveillent, je suis tout à vous !..
GODARD.
Mais nous ne sommes pas tous là... il m'en manque... où donc est Moucheron ?..
MADAME MOUCHERON.
Il ne viendra pas... il m'a priée de l'excuser... (*A part.*) Faut pas lui dire... ça lui ferait de la peine... (*On entend du bruit dans la corderie.*)
ANTONIN, *remontant.*
Qu'est-ce que c'est que ça ?
GODARD.
Une assemblée de philanthropes... des marguilliers. Mais ne nous occupons pas des affaires des autres. A table ! à table ! et placez-vous comme vous voudrez.

CHŒUR.
Air : *Par maints détours.* (Existence décolorée.)
ce banquet
En masse
Prenons place.
Son fumet
Invite le gourmet ;
Mais il faut
Lui livrer aussitôt
L'assaut,
Pendant qu'il est bien chaud !
Chaud.
(*Tous se sont approchés de la table, au moment où ils vont s'asseoir, Godard les arrête **.*)

* Mad. Mouc. Anton. God. Brig.
** Branc. Brig. God. mad. Mouc. Anton.

GODARD.
Un instant ! nous oublions quelque chose.
TOUS.
Quoi donc ?
GODARD.
Mes enfants, quand le bon Dieu nous donne du pain, faut le remercier.
BRANCHU, *à part.*
J'y pensais pas.
GODARD, *en manière de prière.*
« Mon Dieu ! si quelqu'un a faim, envoyez-le par ici... » et maintenant en place.

REPRISE DU CHŒUR PRÉCÉDENT.

(*Pendant la reprise, Godard sert le potage.*)
MADAME MOUCHERON.
Pristi ! la bonne soupe aux choux !
ANTONIN.
Et le vin donc !
GODARD.
Ah ! dame ! on n'en boit qu'à la Saint-Maclou de celui-là !
BRANCHU.
Quel bon petit dîner ! on voit bien qu'il ne sort pas de chez moi.
ANTONIN.
On est là, tranquille, à son aise... on peut mettre les coudes sur la table.
MADAME MOUCHERON, *à Godard qui va découper l'oie.*
Père Godard, vous me donnerez un pilon !
BRIGITTE.
Moi aussi !
ANTONIN.
Moi aussi !
BRANCHU.
Moi aussi !
GODARD.
Voyez-vous, les gourmands... Ah ! si l'oie jouissait de quatre pilons !.. (*A madame Moucheron.*) D'ailleurs, toi tu l'as eu l'année dernière...
ANTONIN.
Ah ! ça c'est vrai... n'est-ce pas Branchu ?
BRANCHU.
Oui, oui...
GODARD.
C'est le tour d'Antonin et de Brigitte.
MADAME MOUCHERON.
C'est juste !
BRANCHU, *à part.*
Il me fait l'effet de Salomon... quel aimable vieillard !
ANTONIN.
Et maintenant, papa Godard... la petite chanson... vous savez... c'est de rigueur.
MADAME MOUCHERON.
Ah ! oui, papa, comme l'année passée.

GODARD.

C'est que l'année passée j'avais un an de moins... et je ne sais pas si je pourrai...

TOUS.

La chanson! la chanson!

GODARD.

Allons.

Air : *Muse des bois.*

Quoi! vous voulez qu'ici, ma voix s'expose
A vous donner le signal des chansons,
Soit... mais pour fuir le tribut qu'on m'impose,
J'aurais pourtant mille bonnes raisons.
A ce banquet, si malgré ma faiblesse,
De doux refrains j'apporte encor ma part,
Mes chers enfants, c'est que votre tendresse
Vient aujourd'hui rajeunir le vieillard.

(*Après le couplet on entend chanter bruyamment au fond: Dansons la Carmagnole, etc. — Applaudissements frénétiques. Tous se lèvent de table excepté Godard.*)

GODARD.

Qu'ai-je entendu? cet air... Branchu, tu m'as trompé... c'est mal.

UNE VOIX, *dans la corderie.*

Au père Duchène! (*Applaudissements.*)

UNE AUTRE VOIX.

Aux Sans-Culottes!..

GODARD.

Oh! les malheureux!

AUTRE VOIX.

A 93! (*Applaudissements.*)

GODARD, *se lève, prend un verre, et venant au milieu du théâtre.*

Eh bien! moi aussi, je vais porter un toast... un seul... Près de moi... mes enfants... là... sous mon aile... et maintenant... chapeau bas! (*D'une voix grave en élevant son verre.*) A la famille!

PREMIER COUPLET.

Air : *Dans ma chaumière.*

A la famille, (*bis*)
On doit son bonheur jour par jour,
D'un noble éclat pour qu'elle brille,
Soyons plein d' respect et d'amour
Pour la famille. (*bis*)

DEUXIÈME COUPLET.

De la famille, (*bis*)
Ah! n'oublions jamais les droits,
Dans mon verre le vin pétille
Et mon cœur s'émeut quand je bois,
A la famille. (*bis*)

VOIX DANS LA CORDERIE.

A bas la famille! à bas la famille!

BRANCHU.

Ah! mais, je vais les flanquer à la porte. (*Il ouvre la porte de la corderie. On aperçoit Moucheron debout sur une chaise.*)

TOUS.

Moucheron!

MOUCHERON, *portant un toast.*

A l'aimable adultère!

MADAME MOUCHERON.

Que dit-il?

MOUCHERON, *continuant.*

Ah! que l'amour est agréable... elle est...

DES VOIX, *très animées.*

Non non... si si...

D'AUTRES VOIX, *de même.*

Laissez finir l'orateur.

MOUCHERON, *continuant.*

Elle est de toutes les saisons!..

VOIX.

A bas! à bas! non, non... si si... (*Grand tumulte.*)

BRANCHU.

Messieurs, au nom du ciel, Mesdames, pour l'amour de Dieu... Aïe! (*Mettant la main sur son œil.*) C'est une pomme cuite! (*Antonin referme la porte. Tumulte effroyable dans la corderie. Bruit de vaisselles cassées.*)

BRANCHU.

Allons! bon! ma vaisselle!

ANTONIN, *écoutant.*

Ils se cognent!

GODARD.

Attends... je vais les calmer. (*Musique à l'orchestre.*)

ANTONIN.

Qu'est-ce que vous faites?

GODARD, *allant au fond et tournant la clé du gaz.*

J'éteins le gaz.

BRANCHU.

C'est un moyen. (*Les lumières du fond s'éteignent. — Le silence se rétablit peu à peu dans la corderie.*)

BRIGITTE.

Je n'entends plus rien.

GODARD.

C'est pas plus difficile que ça.

MADAME MOUCHERON.

Et mon mari, dans tout ça, qu'est-il devenu? (*Elle ouvre la porte de la corderie.*) Moucheron! Moucheron!

MOUCHERON, *dans la corderie, d'un ton lamentable.*

Heu! heu!

~~~~~~~~~~~~~~~~~~~~~~~~~~~~~~~~~~~~

SCÈNE XII.

LES MÊMES, MOUCHERON, *tenant un pan d'habit à la main, et sortant de dessous un monceau de chaises.*

MOUCHERON *.

Ah! mes amis! quel fichu dîner!.. dites-moi,

─────────
* Ant, Br, G, madame Mou, Mouch, Branchu.

## SCÈNE XII.

suis-je blessé?.. bonjour, père Godard, je vous souhaite une bonne fête... suis-je blessé ?

MADAME MOUCHERON.

Mais non. (*Lui remettant sa cravate.*) Comme le voilà fait !

MOUCHERON.

Figurez-vous deux cents citoyens et citoyennes qu'on enferme dans un sac avec des morceaux de veau et qu'on secoue!.. et qu'on secoue! ah! nous avons été joliment secoués !

GODARD.

Qu'est-ce que tu tiens donc là à la main.

MOUCHERON.

Moi?.. tiens ! c'est un pan d'habit... dans l'obscurité je me suis accroché à un Monsieur, et... à qui peut appartenir ce corps détaché? (*Fouillant dans la poche.*) Voyons donc... un mouchoir. (*Il le met sous son bras...*) une lettre...

GODARD.

Tiens! c'est de Branchu ! (*Il la prend.*)

BRANCHU, *à part.*

Ma lettre à Bar-du-Bec !

MOUCHERON, *fouillant encore.*

Un billet !..

BAR-DU-BEC, *sortant de la corderie.*

Voilà une chose curieuse... je ne trouve plus mon mouchoir. (*Il se retourne et laisse voir son habit qui n'a qu'un pan.*)

MOUCHERON, *lisant :*

« Mon mari est un gueux!.. »

MADAME MOUCHERON, *à part.*

Ah ! mon Dieu !

MOUCHERON, *continuant :*

« Trouvez-vous ce soir à dix heures au pied de la colonne... Géraldine. » Ma femme !

BAR-DU-BEC, *prenant son mouchoir sous le bras de Moucheron.*

Tiens! mon mouchoir !

MOUCHERON.

Il est à vous?.. mais alors, ce pan... (*Il l'applique à l'habit de Bar-du-Bec.*) Juste ! (*Prenant Bar-du-Bec au collet.*) Ah! gredin ! ah! gueusard!

BAR-DU-BEC.

Aïe ! vous... vous m'étranglez !

GODARD, *à part.*

Il faut absolument que je m'en mêle. (*Haut, s'interposant à Moucheron.*) Comment, bêtat, tu ne comprends pas ?

MOUCHERON.

Quoi ?

BAR-DU-BEC.

Qu'il est bêtat !

GODARD.

Rien de plus simple... cette lettre de ta femme... c'est moi qui l'ai fait écrire...

BAR-DU-BEC ET MOUCHERON.

Ah! bah !

GODARD.

En la faisant adroitement tomber entre te mains, elle te mettait la puce à l'oreille, te ramenait à ton ménage, et te corrigeait des banquets politiques ! (*Indiquant Bar-du-Bec.*) Il était du complot.

BAR-DU-BEC.

Certainement que j'en étais. (*A part.*) Il paraît qu'il y a un complot. (*Moucheron lui remet son pan.*)

GODARD, *à Branchu.*

Quant à toi... je sais tout !.. (*Lui montrant sa lettre...*) Je paierai ta lettre de change !

BRANCHU.

Quel aimable vieillard !..

GODARD.

Mais à une condition !..

BRANCHU.

Je l'accepte.

GODARD, *faisant passer Brigitte.*

Antonin, voilà ta femme.

ANTONIN, *pleurant.*

Est-il possible ? ah ! merci, père Godard !

GODARD.

Et maintenant, mes enfants, criez tous avec moi : Vivent les banquets de famille !.. on y mange chaud... on y boit frais... on n'y casse rien... au contraire... (*A Madame Moucheron.*) On y raccommode bien des choses... on y respecte la morale, (*A Bar-du-Bec...*) les habits. Enfin, on s'aime, on se rapproche, on s'embrasse, et tout le monde est content.

TOUS.

Vivent les banquets de famille !

VAUDEVILLE FINAL.

GODARD, *seul.*

Air : *Les gueux, les gueux....*

Soyons amis,
Restons bien unis,
Et les vieux abus
Ne r'viendrons plus !

REPRISE EN CHŒUR.

ANTONIN.

Les rêveurs fir'nt not' misère,
Reconnaissons maintenant,
Que le droit de ne rien faire
Ne s'acquiert qu'en travaillant !
Soyons amis ! etc.

BAR-DU-BEC.

L'Amériqu' nous expédie
Des noirs, pour législateurs,
Bravo!... ceux-là, je l' parie
Ne chang'ront pas de couleurs!
Soyons amis ! etc.

BRANCHU.
Un Monsieur, en Icarie
Envoi' l' colon par paquets,
Mais pour cette terr' fleurie
Pourquoi donc qu'il n' part jamais!
    Soyons amis, etc.

ANTONIN.
On a beau s' casser la tête
Pour fair' des constitutions,
Ote-toi d' là, que j' m'y mette...
C'est l' mot des révolutions!
    Soyons amis!

GODARD.
Philosoph's de pacotille,
Qui mordez tout!... pauvr's serpents!
N'mordez pas à la famille!
Vous vous y cass'rez les dents!
    Soyons amis, etc.

MOUCHERON.
Pour que la Franc' dans l'ornière
Cesse enfin de reculer,
Tous les gens à circulaire
Faudrait les fair' circuler!...
    Soyons amis! etc.

BRANCHU.
A bas le réactionnaire!
Blâmant tout à tout propos,
La République m'est chère...
Elle a doublé mes impôts.
    Soyons amis! etc.

BAR-DU-BEC.
Ces gueux de propriétaires
Vont r'prendr' leur infâm' métier.
Ils n'iront pas aux galères...
On parl' de les amnistier.
    Soyons amis, etc.

GODARD.
Plus de discords, plus de guerre!
Oublions tous le passé,
Les partis doivent se taire
Quand la France a prononcé.
    Soyons amis!
    Restons bien unis,
    Et ces vieux abus
    Ne r'viendrons plus.

FIN.

LAGNY. — Imprimerie de GIROUX et VIALAT.

www.ingramcontent.com/pod-product-compliance
Lightning Source LLC
Chambersburg PA
CBHW062005070426
42451CB00012BA/2655